° flücht flatterndes feuer °

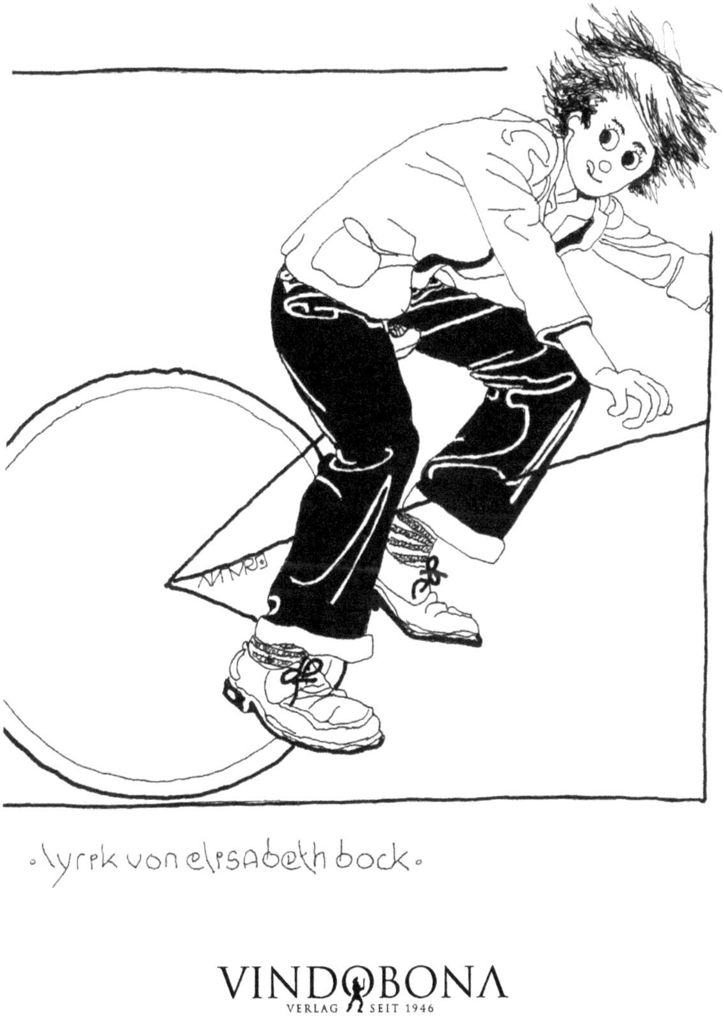

° lyrik von elisabeth bock °

Bibliografische Information
der Deutschen Nationalbibliothek:

Die Deutsche Nationalbibliothek
verzeichnet diese Publikation in
der Deutschen Nationalbibliografie.
Detaillierte bibliografische Daten
sind im Internet über
http://www.d-nb.de abrufbar.

Alle Rechte der Verbreitung,
auch durch Film, Funk und Fernsehen,
fotomechanische Wiedergabe,
Tonträger, elektronische Datenträger und
auszugsweisen Nachdruck,
sind vorbehalten.

www.vindobonaverlag.com

© 2021 Vindobona Verlag

ISBN 978-3-949263-07-1
Umschlagabbildungen: elisabeth bock,
Vvoevale | Dreamstime.com
Umschlaggestaltung, Layout & Satz:
Vindobona Verlag
Innenabbildungen: elisabeth bock

Gedruckt in der Europäischen Union
auf umweltfreundlichem, chlor- und
säurefrei gebleichtem Papier.

·das kleine kunstwerk·

am rand des gehsteges sitzt ein kind, bläst seifenblasen in den soeben erst angebrochenen morgen· das licht bricht sich in diesen kleinen kunstwerken läßt die schillernsten farben an der oberfläche tanzen· vom aufsteigen der blasen bis zum zerplatzen vergehen nur wenige augenblicke sie genügen um dem kind eine gewisse freude in die augen zu legen· die fotografin und das kleine menschenwesen dort am straßenrand sind die einzigen bewunderer der kleinen schillernden dinger· diese begebenheit des tages wird von der stillen beobachterin des kindes eingefangen und somit für einige zeit vielleicht nur auch zum kunstwerk.

° ich kreke en
   wie durch eine schwarze wand
  und dann bleibt eine türm schloß
   stehen dreht sich in der achse
  und fällt gehalten in den raum °

o lieben
   das atmen einer fernen
   zeit und beide sehen mich an
   so bleibe ich gehalten in
  seinen wundern

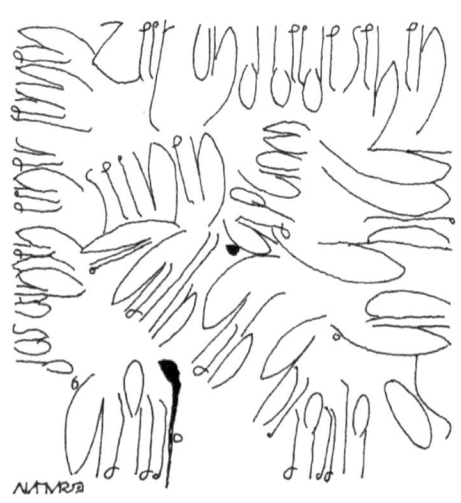

°schritte hallen
   im flur meines lachens°

•ich stehe in zwei räumen gleichzeitig
   in einem schwebend
   im andern auf dem spiegel
    da waren wir wie träumende
    da verfing sich unser lachen im wind
    der gefühle haut an haut die
    atmung horchen.

oneonmenschen
    die schatten verweilen nicht
in den konturen fliehen hastig in die
    bewegung und drehen die kreise
in ihren rhythmus treffen einander
    blöden um danach in der dehnung
zu verschwinden.

• sehnsucht
    so hob er dich auf zwischen sich
  und sich damit die sonne in dir wacht
    er hängt dich an sein herz an sein blut
  und wasser und du hörtest das wachsen
    seines lichts in dir das licht schwankte
  so außen und innen nicht und du fandest
    den der dich sucht.

manchmal ist es notwendig
einen anderen an sein Herz zu nehmen.

o du öffnest dein angesicht um
   zwischen ehn und ehn zu fallen
  die welle entfernt sich von dir
   und fliecht in dich o

o das verhüllte antlitz
  tausend wunden auge ich zu den
  vorhandenen dein blick lauf vorbei
  auf welches kreuz bist du gespannt?

oder atem des windes
  wächst mir zu.

...erzähle mir die zeit...
bewegung hört auf den wechsel
der bewegung und daraus entspinnt
sich ein rauschen dein schritt
ist die mitte.

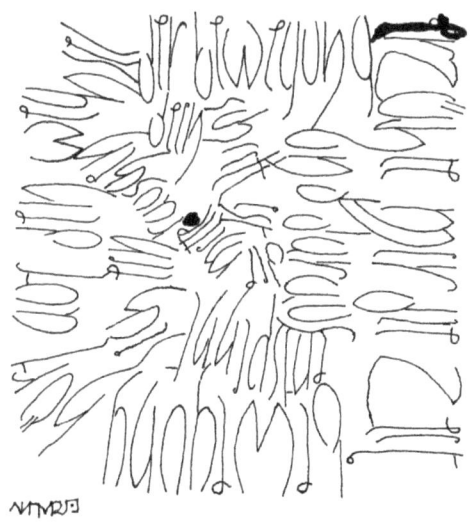

o klang
   ich schaue in den spiegel und
   war nicht ich sehe in den spiegel und
   bin bild ich blicke in den spiegel
   und werde.

dann kam ich an einen teich und legte
mein gesicht hinein
das licht fällt ins wasser zerläuft es
bricht ein läuft weiter läuft mit
und dann bleibe ich nicht mehr stehen
der schatten fällt in den schritt
und der wird unendlich.

atemlos bleibt der schmerz liegen in den
tiefen berstenden gellenden verwundungen
zerbrochene haut kälte klopfende wunden
ein flehender atem hineinfallen in die
nägel die nässe die den brand bewacht
wie der zaun das gehege die grenze keine
bewegung die nicht schmerzt und dann
diese innere erblindung
aus ihr entspringt sich der klang
das wort und die stille.

°beten das anschwingen
in die zeit.

○ umwenden
  bei einer gruppe stehend wendet sich
  geht geht fort kommt näher ○

das weiß im licht legt sich glitzernd
wie die stille in die klarheit der nacht
auf die haut der wasser wird selbst haut
tanzt lächelt schaukelt pulsiert
den blick läßt ihn verglüht unter der
haut schatten sehen durch passen
wenn der wind in sich selbst
zurückhorcht.

o tritt jemand ein so hebt das Licht
in der sonne sein antlitz?

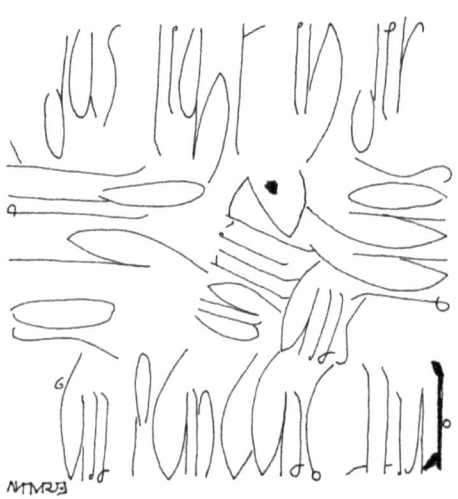

◦wort im stillen gefüge sein◦

° eine wunde sie blutet nicht ist in mir
  feuer es verbrennt nicht ist über mir
  weißes licht es umdrängt mich
   °°° behutsam °

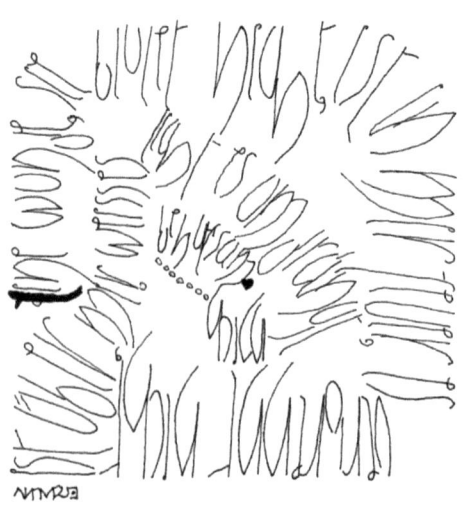

der reißbrettgarten
vater schöpfung

DER REISSBRETTGARTEN.

NATURE

° die sonne blickt um's eck ohne die atmung zu wechseln °

grashalm an grashalm sich reiht zum
gespinst das grüne gewölk der
halme durchfurcht von lebendigen
farbflecken ein geordneter
samtener teppich bäume pulsierende
herzen der erde stehen gestreut
gekleidet in die verschiedensten
gewänder in den grünen geweben
die exakten begrenzungen mit
asphalt umlaufen der park das
frischlufttzelt in meiner stadt.

Grashalm an grashalm
steht zum gespinst das grü
gewölk der halme durchfurc
von lebendigen farbflecken
ein geordneter samtener
teppich
bäume pulsierende herzen
der erde stehen gestreut gekleidet in
die verschiedensten gewändern in den
grünen geweben
die exakten begrenzu
mit asphalt umlaufend
park das frischluftzelt in
seiner stadt.

° ich baue einen schritt vor den
   anderen und wandle in meine gedanken
  rechts du den sommer der dem
     wind im gefieder haftet.

° glockengeläut dringt in mich wie
ein stich der die stille zerbricht
die mich umflutete   kinder
spielen in den halmgeflechten°

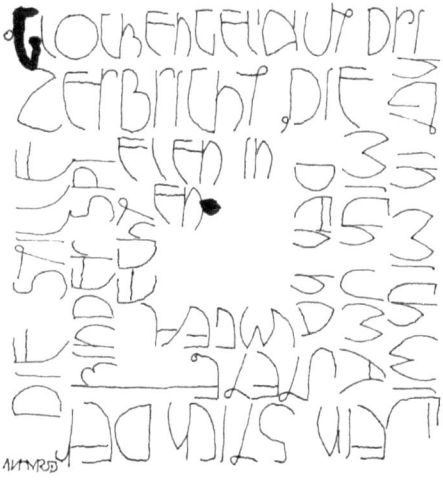

- wieviele menschen bekommen
täglich nicht die möglichkeit
sich zur vollendung hin selbst zu
zeichnen   selbst eine
vibrierende saite der liebe zu
werden ihr durchlässiges kleid
erfährt nie die liebevolle
umarmung noch sind sie spiegeln
gleich.

◦ in die flehende stille fällt
  regen ◦

NATURE

° gedanken schauckeln in mir
sie streiten miteinander
spielen mit meinem herzen °

MIT MEINEM HERZEN SCHAUCKELN IN MIR SIE STREITEN MITEINANDER SPIELEN

GEDANKEN

NATURD

· mein garten ist ein endlicher
mit einer unruhig irrenden
grenze die den blick nicht hemmt.

o sieh wie der regen zum holz der
  fäulnis taumelt.

. den brand deiner zunge berührt
kein klang   meine blicke
erhaschen deine blühende mitte
nicht sie ist umnetzt.

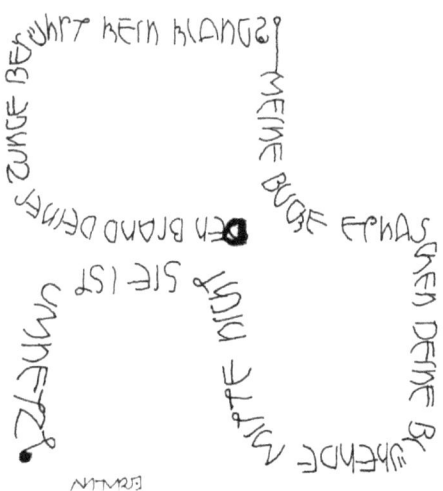

die gierenden augen spürst du
sie sie halten den schmerz
fest und die seufzende stille.

oder schmetterling küßt das gras
dem nageln zu entgehen im
schrei des morgenlichts zittert
dein leib dem meinen entgegen
die nägel blitzen im letzten
ton des schreis dort er hängt
am holz genagelt schaum
giert bis zum bruch ein
zucken durchfährt die leiber.

»horche eine melodie hebt dich
auf schön hingeschüttet
wie wasser.«

· ich laufe über alle grenzen hinaus
fort in die länder die der
blick mir schenkt wurzle meine
schritte in brennende gräser
und weiße gewässer umwickle
mich mit mauern gesichter
schauen ohne blick in meine vom
regen blühende mitte.

∘ das weiß entringt sich nur zaghaft
   der himmelspupille blutleer
   lagert sie im morgen ∘

∘ der ausgang der ausgänge

.tanz des herzens.

.kronk . sohn.

° Licht schwingt in konturen
wie das wort im atem °

.underhauchte ihn an und er besah sich
ihn lidschlag für lidschlag
atemhauch für atemhauch klang für
klang den menschen und siehe
der geliebte hört lebensatem um
lebensatem.

◦friedensbote
  flügelschlag regelmäßig
  gefühle des unbehagens
  sicht klar
  verkrampfung der muskel
  herzschlag normal
  ein stechender schmerz
  blut flutet durch alle gefäße
  federn fliegen schwäche des körpers
  hirn arbeitet wie gewöhnlich
  alles dreht sich
  flug über felder sonnenwind
  kurzes aufflackern des lebens
  ich höre auf zu sein
  man schoß mich ab.

· der wind zittert durch die blattfolge
hört am geäst beben flüstert
knarrend durchs holz spricht lächelt
träumt sich durchs blattwerk
tauscht ein geäst mit einem blatt
ein blatt mit dem nächsten wiegt
den körper mit der zerfranzten
umhüllung im rhythmus der
unhörbaren gespräche licht
streitet in wirbelnden stimmen
höre ·

• der überraschungsbesuch
 ein engel besucht einen dornbusch
  in der gestalt des feuers mose hört
 auf den wechsel der bewegung des
  lichts im feuer neugierig betritt
 er den lichtkreis ohne schuhe licht
  bedrängt die schatten im sprung
 und licht streift moses angesicht
  durchstreift es und er erhält das
 geschenk einer beziehung der brand
  bewacht die beziehung und sie
 wird sichtbar und aus dieser
  begegnung entspinnt sich ein name
 ICH BIN DER „ICH-BIN-DA".

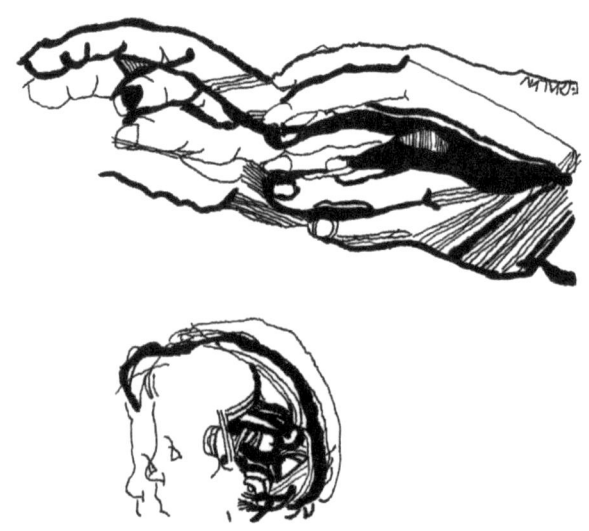

• stille ungeatmet
   bevor das licht dem schatten form und farbe
   entreisst trifft ein blick streift zertritt läuft
   umher verfängt sich umdrängen leiber stehen
   dicht an dicht bedrängt ein kuß ein fremder
   geschmack drängt sich lustvoll lippe an lippe
   blick an blick halten blicke den lichtvollen
   schlagen verwundungen werfen stricke
   schwingen worte fügt sprache sich in die
   extreme handlung herrscht bewegung und flieht
   dem rhythmus der gewalt ein tanz zwischen
   blick und blick zwischen wort und wort entbrennt
   ich bin es.

. das gesprochene wort umstcht den
   sprechenden spinnt ein feines
gewebe der schöpfung gemurre
   geplätscher weishert lässt
sich sehen.

• ich schütte meine tränen aus es
    beginnt in mir ein anderer zu
  weinen   ich schütte meine tränen in
    deine augen und der atem holt sie ein
  wie das meer das die schneeflocke
    trägt ein traum der nicht verblaßt
  die unendlichkeit die zwischen uns
    west zerrüttet mein sein
  augen sind und augen werden licht ist
    wir weinen ineinander und hören
  der worte nach •

ode abend gleicht alabasternen
 flügeln aus denen ein gesicht
 wachsem pulsiert in dem der
 wind im schatten blättert
 schweigen o

in meinem hinsetzen der stretenden
linien ich weiß es berührt dich
gleich einem fallenden regenstrom
der schaudernd wie der wind des
geistes an dich herantritt an dir
vorbeihuscht.

• wie schön die hände den Licht formen
hände formen und sagen so unendlich viel
von dir und deinem angesicht von deinem wesen
und von deinem tun und somit öffnen sich
die wesen die mit dir sind die angesichte
die in deiner mitte die sprache der liebe
mitgestalten in diesem innengeflecht
das sich da auf einem blatt zusammengefügt
hat zur freude zur lebenden sprache
die dich bestimmt dich umläuft und forttragt
in andere herzen hände augen augen die wieder
anderen von der freude künden die in dich
gelegt wurde.

die flöckchen dichten im tanz eine
neue landschaft die wasser
brechen ihre flügel über die täler
der nebel krabbelt immer weiter
hindurch und die sonne durchläuft
ihren jubel über dem gehauchten
gefieder flöckchen in weiß
springen herunter legen sich sanft
zur ruhe die bewohner der lüfte
tanzen der wind schreit ihn
durchs tal.

• lichter fangen in der bewegung
  perlend rieselt der wind durch die
  blattfolge hebt das gefieder und
  bleibt im geäst sitzen hastig
  raschelnd verformt sich blatt für blatt
  das gezwitscher und geschrei der
  winde hört auf das gemurmel und
  gemurre der wassertröpfchen
  wenn sie vorbeikommen.

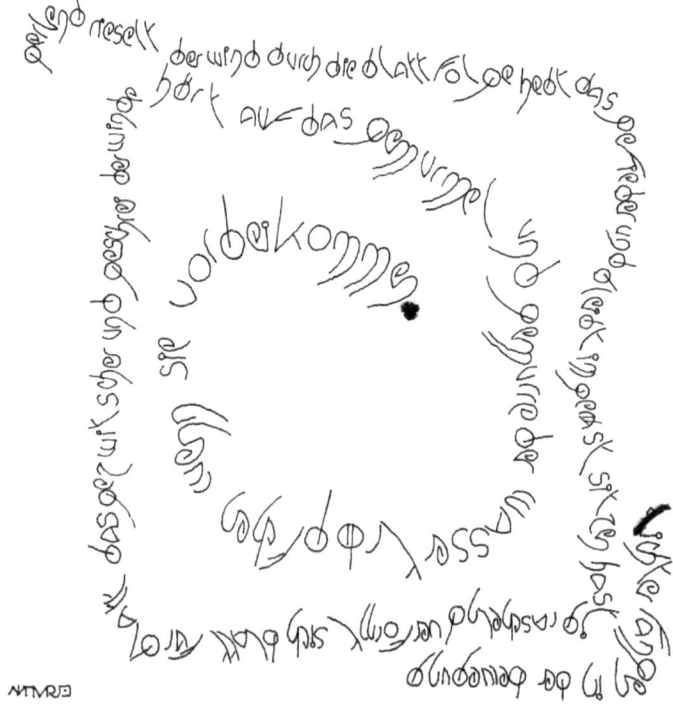

• dort wo die wasser sich sprechend
    der tiefe zuneigen dicht an dicht sich
drängt zum gefüge springt gurgelt
    schäumt spritzt und herscht die
    richtung atemlos zitternd bleibt das
    wasser stehen vor dem felsen
schäumend vor gier den raum zu
    greifen gierig schäumend irrt es
verstört gurgelnd im kreise •

•das gegenüber rief stimme die ansprache verwandlung die stimme skulpiert abstrakt schwingt eine leibgestalt wort sitzt im zeichengeflecht.

. der nacht blau
   wie die nacht dunkel flucht
 in mein angesicht
   die farbe der nacht - gierende schatten
 der blick meines angesichts - gerichtet
   sieh - wie nacht so dunkel in blau
 ein engel bricht in mein angesicht
   nur das licht der sterne bedrängt
 zerbricht das dunkel - das blau
   dein wort bricht finsternis
 blau rollt sich ein.

· wo der blick die bewegung fängt
und gleichzeitig läßt beläßt
dort wo der wind an die blätter
pocht licht drängt in den
wechsel der bewegung schwingt
den wort mir zu raumgreifend ·

• ich lebe danke meine mutter mein vater
  mein geliebter
  ich lebe danke mein jesus christus für
   die freiwillige hingabe deines
   lebens und dieses liebet einander
   wie ich euch geliebt
  ich bin christin danke heiliger vater für
   das zeichen das du uns von dir aus
   gabst diesen immanuel gott mit uns
   und deinen lebensspendenden geist.

Die Autorin

elisabeth bock ist 1953 in wien geboren. sie durchlief eine künstlerische ausbildung an der textilschule in wien, wo sie 1973 den abschluss erlangte, und ebenso an der hochschule für angewandte kunst. sie schloss 1980 mit diplom ab.

heute ist elisabeth bock in vielfältigen bereichen tätig: sie ist malerin und grafikerin, arbeitet auch als fotografin. mit ihren kunstwerken war sie auf diversen ausstellungen vertreten.

ihr schriftstellerischer werdegang begann bereits 1972. sie blieb der kunst des dichtens bis heute treu. das werk: „flicht flatterndes feuer" ist ihre erste veröffentlichung.

DER VERLAG

VINDOBONA
VERLAG SEIT 1946

ein Verlag mit Geschichte

Bereits seit 1946 steht der Vindobona Verlag im Dienst seiner Bücher und Autoren. Ursprünglich im Bereich periodisch erscheinender Journale tätig, präsentiert sich der Verlag heute als kompetenter Partner für Neuautoren am deutschen, österreichischen und schweizerischen Buchmarkt. Engagement, Verlässlichkeit und Sachverstand – das sind die Grundpfeiler, auf denen der Verlag seit jeher sicher steht.

Sie möchten mit Ihrem Werk das vielseitige Verlagsprogramm bereichern? Der Vindobona Verlag garantiert Ihnen eine professionelle Prüfung Ihres Manuskriptes durch das Lektorat sowie eine zeitnahe Rückmeldung.

Genauere Informationen zum Verlag finden Sie im Internet unter:

www.vindobonaverlag.com